DU PARTAGE

DE

LA TURQUIE D'EUROPE,

ENTRE

LA RUSSIE, L'AUTRICHE, L'ANGLETERRE ET LES GRECS,

SOUS LA MÉDIATION DE LA FRANCE ;

Par M. P.-A. DUFAU,

Auteur de la Continuation de Velly, de la Collection
des Constitutions, etc., etc.

Minima de malis.

A PARIS,

CHEZ CHANSON, IMPRIMEUR-LIBRAIRE,

Et chez les Libraires du Palais-Royal.

1822.

AVANT-PROPOS.

L'europe est dans une situation fort grave. D'une part, cet état social, amené par les siècles précédens, ce mélange bizarre des ruines d'un ordre ancien que la force a détruit avec les créations nouvelles qu'elle a maintenues ; cette espèce de vacillation des peuples et des gouvernemens sur le terrain neuf où le temps les a placés ; de l'autre, ces rapports de politique extérieure, créés par la révolution, Bonaparte et le congrès de Vienne, qui établissent le corps d'Etats européens existant ; tout cela est sans doute fort digne de fixer vivement l'attention des hommes éclairés. C'est une position unique dans l'histoire du globe ; aucune époque n'a encore offert une somme égale des bienfaits et des abus de la civilisation ; jamais on n'a pu voir à la fois une aussi grande masse de lumières et de baïonnettes.

Cet état politique extérieur de l'Europe est l'objet de l'écrit qu'on va lire. Le sujet pouvait être plus longuement développé; mais dans une époque où la vérité a quelquefois tant de peine à se faire jour au travers d'un déluge d'écrits, on doit sans cesse avoir présente à l'esprit la maxime du sage : *Multa paucis.*

Du reste, le temps n'est plus où, en politique, ceux qui savaient penser n'avaient qu'une faible influence sur ceux qui pouvaient agir. Tout cet échaffaudage de ruse et d'infidélité, introduit par l'école italienne, a chancelé, dans ces derniers temps, devant les simples maximes de la morale et les calculs positifs de la statistique. La science n'est déjà plus le partage exclusif de quelques adeptes de la haute classe. On peut donc maintenant aborder avec confiance un objet d'intérêt général, et écrire avec la persuasion que si l'on a exprimé des vérités utiles, on ne sera pas interpellé pour avoir parlé sans mission.

Nous n'ajouterons qu'un mot. Le système politique exposé dans cet écrit nous paraît possible et préférable aux vues de divers publicistes; il nous semble qu'on ne saurait y opposer que de faibles intérêts ou des obstacles qui disparaissent devant des calculs véritablement profonds. Il se pourrait toutefois que plusieurs personnes en jugeassent différemment. Dans tous les cas espérons qu'en attaquant les idées, on se plaira du moins à reconnaître la pureté des intentions.

[illegible]
[illegible]
[illegible]
[illegible]
[illegible]
[illegible]
[illegible]
[illegible]
[illegible]
[illegible]
[illegible]
[illegible]
[illegible]
[illegible]
[illegible]

DU PARTAGE

DE

LA TURQUIE D'EUROPE,

ENTRE

LA RUSSIE, L'AUTRICHE, L'ANGLETERRE ET LES GRECS,

SOUS LA MÉDIATION DE LA FRANCE.

CHAPITRE PREMIER.

But de l'Ouvrage.

Nous nous proposons d'établir :

1° Que la possession de la Pologne menace manifestement et immédiatement l'indépendance de l'Europe, et 2° qu'il y a possibilité d'arriver sans troubler l'harmonie qui règne entre les puissances chrétiennes, à l'annulation de cette cession impolitique. Les développemens que nous donnons à ces deux points forment un système à peu près complet sur lequel nous appelons l'attention du Cabinet français, parce qu'il nous semble que la France, en l'adoptant, entrerait dans les voies d'une politique élevée, désintéressée, favorable au maintien de la paix, et vraiment digne d'elle.

Il est à propos de jeter d'abord un coup-d'œil sur l'Empire, dont l'attitude nous paraît devoir alarmer le Continent. Observons, au reste, que ce Continent n'est considéré ici que comme *territoire*. D'autres dangers, non moins pressans peut-être, menacent l'Europe sous le rapport maritime et commercial ; mais ceux-ci doivent nécessairement être l'objet d'un autre écrit, et il n'en sera fait nulle mention dans les considérations qu'on va lire.

CHAPITRE II.

La Russie.

La puissance qui tient sous sa loi l'immense territoire compris entre les rives de la Finlande et la côte nord-ouest, la puissance qui peut disperser un million de soldats sur les frontières de l'Allemagne, de la Turquie, de la Perse et de la Chine, peut être véritablement dite dominante dans notre Europe. On est épouvanté quand on voit son berceau si près de sa prospérité, et l'on se demande quelles destinées attendent ce colosse !

Il est manifeste que tout tend à rendre plus formidable encore cet imposant Empire. Une administration sage, tolérante, et dont tous les vœux sont pour l'abolition du servage, promet à l'avenir de nouveaux prodiges. Il est prouvé, par des calculs incontestables, que la population de la Russie européenne reçoit chaque année un accroissement considérable.

Toutefois, commençons par l'avouer ; dans l'état actuel de la civilisation, le mot *domination universelle* est peut-être vide de sens. Depuis qu'on imprime et qu'on a du canon en Europe, la monarchie des Romains elle-même n'y est plus possible, et à plus forte raison n'a-t-on plus à y redouter le joug des Huns modernes. D'ailleurs, quelle ambition pourrait être séduite par le projet insensé d'une conquête générale, tant que le rocher de Sainte-Hélène n'aura point été englouti dans le sein des mers !

Mais, si le succès est impossible, les tentatives ne le sont pas, et cela seul suffit pour éveiller l'effroi. Frédéric a avoué que la simple vue de sa belle armée fut un des

motifs qui le portèrent à envahir la Silésie (1).
Ne pourrait-il point arriver aussi que le seul
tableau de sa puissance fît quelque jour de
l'Autocrate un conquérant! La prudence commande au moins de prévoir cette dangereuse
tentation, et de s'occuper à fixer, le plus
long-temps possible, dans leurs steppes sau-
vages, ces hordes à qui nos folies ont enseigné
la route de Montmartre.

Au reste, rien ici n'a trait au souverain
actuel de la Russie. Le caractère de ce Monarque est généralement honoré. Il y a des
actes élevés dans sa vie, et il ne menace pas
personnellement l'Europe. Mais en Russie les
hommes passent, et le génie de Pierre-le-
Grand vit toujours dans les conseils.

Voyons maintenant quelle est la puissance
que la force des choses appelle à diriger, en
quelque sorte, toutes les inquiétudes européennes qu'excite la Russie, vers un système
défensif propre à rassurer le Continent.

---

(1) Mémoires pour servir à l'histoire de la maison de Brandebourg.

CHAPITRE III.

La France.

Ce rôle ne convient point à l'Angleterre, qui, placée en dehors du Continent, évite tous heurtemens avec la puissance russe, et n'intervient que faiblement dans les affaires *continentales*, c'est-à-dire, *territoriales*, de cet Empire. La situation respective des deux principaux États germaniques est très-certainement, comme on le verra ci-après, plus propre à servir les projets de la Russie qu'à les entraver; reste la France.

Après avoir mesuré une vaste carrière d'exploits et de calamités, la France est rentrée dans ses vieilles limites. Tout a été fait pour qu'elle cessât d'être hostile; mais on n'a pas pu faire que son attitude défensive ne fût plus d'aucun poids dans l'équilibre général.

Un coup-d'œil superficiel fait comprendre que ce pays se trouve être, par sa position, entre les deux péninsules méridionales, les deux grandes mers et la ligne horizontale des États allemands, le point central de l'union du Midi contre les envahissemens possibles du Nord. La révolution a un moment dérangé cet état de choses en liguant contre son foyer principal tous les intérêts et toutes les passions. Mais il faut toujours en revenir là, dès qu'il est question de balance politique. Qu'il ait été dirigé contre une puissance ou contre une autre, ce système d'alliances a constamment été le but des hommes d'Etat des deux derniers siècles. C'est l'A-B-C de la diplomatie méridionale. Voilà ce qui a amené les pacifications d'Utrecht, 1713, et de Vienne, 1738, qui placèrent des Bourbons à Madrid et à Naples ; ainsi que ce fameux *pacte de famille* qui unissait les trois branches. C'est la même politique qui a fait rétablir, presque simultanément, les trônes du Midi que la révolution avait renversés.

On a assez légèrement, ce nous semble, reproché à la diplomatie française d'avoir été trop *personnelle*, trop occupée des intérêts d'une dynastie dans le congrès qui a commencé une nouvelle ère en politique. Si l'on prétend, en effet, qu'il y avait nécessairement, entre les Etats ci-dessus indiqués, une alliance de position indépendante des princes régnans, au moins n'est-il pas permis de contester que cette alliance ne dût être plus efficace et plus solide entre des membres de la même famille. Les évènemens ont, à la vérité, contrarié les résultats qu'on pouvait attendre de cette combinaison. Mais, pour prévoir de pareils évènemens, il fallait savoir qu'il y aurait beaucoup d'inexpérience sur les trônes, et que les peuples voudraient encore se lancer dans l'arène des révolutions. On connaît d'ailleurs cet axiôme vulgaire : *Eventus stultorum magister.*

Les mouvemens divers qui ont établi les Cortès à Madrid, et posté les Autrichiens à Naples, ont, il faut le dire, porté un coup fatal à la politique française ; il est assez bizarre que la France ait à déplorer en même temps le triomphe obtenu sur la révolution dans un royaume, et celui que la révolution a elle-même obtenu dans l'autre. Cela est toutefois palpable. Elle se trouve ainsi isolée, et au lieu de deux alliés, elle n'a plus dans le Midi que deux surveillans ombrageux, comme ceux que la dernière coalition a laissés sur sa frontière septentrionale (1). Cette posi-

---

(1) La Prusse et les Pays-Bas.

(12)

tion est grave ; car dans tous les temps, l'appa-
rition de l'aigle autrichienne au-delà des rives
du Tésin, a suffi pour faire tirer le canon
d'alarme à la diplomatie française. Il sera
peut-être à propos de revenir sur ce point
intéressant ; mais là le péril est encore enve-
loppé d'un nuage, et il est plus urgent de
porter ailleurs notre attention.

En dernière analyse, toutefois il ne faut
jamais être inquiet de ce peuple si spirituel
et si vaillant, et que la nature a partagé d'un
si beau sol. Nous le répétons, on aura toujours de la peine à compter pour rien, en
politique, ces trente millions d'hommes régis
par une dynastie à laquelle se rattachent tant
de souvenirs de gloire ; et nous oserons le dire
même, il ne sera jamais prudent de leur rappeler, par une dédaigneuse exclusion, que
leurs bras ne se sont pas toujours reposés.

La France est donc, avec les Etats qui,
dans le cours ordinaire des choses, appar-
tiennent à son système, la puissance naturellement placée à la tête de l'union défensive
contre la Russie. Examinons quelle est son
action dans le Nord.

CHAPITRE IV.

La Suède.

On avait pressenti, en France, au temps même des Valois, l'utilité de relations amicales avec quelques Etats septentrionaux. Paris s'étonnait dès-lors de voir dans ses murs de fastueuses ambassades sarmates, porter des présens au Monarque très-chrétien, ou prendre un Roi sur les degrés mêmes de son trône. Le cardinal de Richelieu fit d'une idée confuse un principe de la politique française. Il lia fortement les intérêts de son pays avec ceux de la Suède, alors puissance principale dans le Nord; et c'est avec le secours des armes de Gustave-Adolphe, et des généraux formés à son école, que son génie put amener ces mémorables transactions de Westphalie, qui firent rentrer la puissance autrichienne dans de justes bornes.

L'extravagante ambition de Charles XII commença la décadence de la Suède en l'épuisant. Ses premiers revers annonçaient à

l'Europe une révolution dans le système d'é-
quilibre général, fondé par la pacification de
1648. En effet, le triomphe de Pierre-le-Grand
livrait à la Russie le rôle et l'influence de la
Suède, dans les affaires continentales. Or,
cet Empire entrait dans ces nouvelles posi-
tions, avec une force de moyens bien autre-
ment formidable, et il était clair que son action de contre-poids ne serait pas celle que la
Suède avait long-temps exercée.

Dès-lors durent naître, contre la nouvelle
puissance dominante dans le Nord, des om-
brages que la première ne pouvait raisonna-
blement exciter. Le simple sens indiqua à
l'Europe que les Czars moscowites menaçaient cette indépendance, que les princes
scandinaves contribuaient simplement à
maintenir. La politique comprit des voies
nouvelles. Tous les regards se portèrent vers
la frontière par laquelle la Russie pouvait
fondre sur l'Europe, et la Pologne devint le
point central autour duquel s'agitèrent tous
les ressorts de la diplomatie continentale.

Mais, quelques mots encore sur la Suède.
La Suède, forte de sa position sur les deux
mers, et de la sagesse de son Monarque actuel,
doit conserver de l'influence dans le Nord.

L'Angleterre et la France sont ses alliés natu-
rels. Ainsi appuyée, elle n'a rien à redouter
extérieurement. A l'intérieur, il lui reste à
effacer ces vieilles antipathies qui divisent
deux royaumes que l'Ophrine sépare et que
le traité de Kiel a réunis. Son gouvernement
a encore à faire oublier l'ancienne dynastie,
dont quelques intrigues, partant de l'autre
côté de la Baltique, pourraient perpétuer le
souvenir; et à ce sujet, osons dire franche-
ment, à ceux de nos compatriotes en qui le
titre même de la famille aujourd'hui régnante
en Suède pourrait faire naître quelques préventions, que ces préventions ne sont pas
raisonnables, et que, si notre cabinet se
laissait influencer par elles, il servirait le parti
russe et agirait contre l'intérêt réel de la
France.

En un mot, la Suède est, avec cette puissance, à qui l'Angleterre confie la garde des
Belts, le premier point de la *barrière du
Nord* qu'exige la sûreté de l'Europe. La Pologne est le second.

CHAPITRE V.

La Pologne.

Le sort de la Pologne fut d'être perpétuellement envahie et morcelée par les princes moscowites, l'ordre teutonique ou la maison de Brandebourg. Sa constitution était une source continuelle d'anarchie et de désordres. Dans le siècle dernier, il fallait qu'il y eût nécessairement une révolution intérieure, ou que l'État devînt la proie d'une force étrangère. On sait ce qui est arrivé.

Si la première pensée du Cabinet russe fut de repousser les Suédois sur le bord occidental de la Baltique ; envahir la Pologne fut très-certainement la seconde. La Cour de Pétersbourg tendit constamment à ce but, dès le moment où elle eut cessé d'être inquiétée par la puissance suédoise. C'est de cette Cour que vint la première idée du partage de 1772 (1).

Il était sans doute de l'intérêt de toute

____

(1) Tableau politique de Koch, tome 11.

l'Europe de maintenir l'existence indépendante de la Pologne; mais cet intérêt était
plus immédiat encore pour les États allemands; car la Pologne, occupée, les lances
des Tartares menaçaient leurs frontières.
Malheureusement cet esprit de rivalité, qui
divisait la Prusse et l'Autriche, et renversait
pièce à pièce l'ancienne Constitution de l'Empire, fit oublier le véritable besoin de l'Europe. L'appas d'un accroissement séduisit
chacune des deux puissances rivales, et la
politique russe qui les eût coalisées avec tout
le reste de l'Europe, en manifestant l'inten-
tion de posséder la Pologne intégralement,
les trouva disposées à un compromis immo-
ral et impolitique à la fois; car s'il blessait
d'une part les justes droits des nations, il
promettait de l'autre à l'avenir cette possession intégrale qu'on ne pouvait effectuer sur-
le-champ. Ainsi fut consommée l'iniquité
politique du dix-huitième siècle.

Le gouvernement de Louis XV avait mon-
tré, en protégeant Stanislas contre la Maison
de Saxe, qu'il comprenait la véritable situation politique de l'Europe. Mais à l'époque
du partage, le Monarque était près du terme
de sa carrière, et déjà l'état intérieur du

royaume faisait pressentir de prochains orages. La patrie appelait dès-lors toutes les attentions, et la Pologne était oubliée.

L'adoption de l'acte constitutionnel français, premier fruit de ces riantes illusions, auxquelles devaient succéder tant de crimes, fut un nouveau prétexte pour les puissances co-partageantes. La dissolution totale de la monarchie polonaise fut effectuée. La révolution, dont la politique générale paraîtrait absurde, si tant de vaillantes épées ne l'avaient soutenue par des prodiges, n'a fait que peu de chose pour annuler cette violation du droit des nations, et Bonaparte a, par des considérations qu'il est inutile de rappeler ici, laissé échapper le plus beau titre qu'il pût acquérir à l'estime de la postérité, celui de RESTAURATEUR DE LA POLOGNE.

La France apportait certainement, au congrès de Vienne, le désir formel du rétablissement de ce malheureux État; mais doutant presque d'elle-même, dans l'état d'épuisement où tant de victoires et tant de revers l'avaient laissée, quelle énergie pouvait-elle déployer contre une puissance victorieuse, et dont les étendards venaient de flotter sur ses places fortes? La Russie voulait la Pologne, parce qu'elle l'avait toujours voulue. Elle parvint à se faire céder tout ce qui portait encore ce nom, en prenant les voies qui lui avaient réussi jadis. Il y eut un nouveau compromis, et moyennant des indemnités allemandes pour la Prusse, et des dédommagemens en Italie pour l'Autriche, un nouveau royaume de Pologne se trouva placé sous la domination russe.

Insistons sur la situation dans laquelle cette transaction place l'Europe, et portons nos regards sur l'Allemagne.

CHAPITRE VI.

L'Allemagne.

On a comparé le congrès de Vienne au congrès de Westphalie. Il y a une différence majeure entre les résultats de ces deux grandes assemblées diplomatiques. L'œuvre d'Oxenstiern, de Trantmansdorff et de Richelieu fut, en effet, une création politique qui terminait les affaires en Europe, *sous le rapport de la Religion,* premier motif de toutes les guerres dont l'Empire était alors le théâtre.

En peut-on dire autant de l'œuvre de nos contemporains, de ce bizarre morcellement de millions d'ames et de territoires, qui semble n'avoir eu pour but que de donner gain de cause aux baïonnettes du moment? A-t-on pu croire, en apposant ces titres au protocole, qu'on avait signé le brevet d'une glorieuse immortalité, et qu'on venait d'en finir avec cet *esprit de libération*, qui agite l'Europe depuis plus de trente ans? Nous le déclarons avec franchise, ce n'est pas là notre pensée.

N'examinons qu'un point; l'Allemagne, qui ne voit de prime abord que le congrès, n'a fait là que rendre plus manifeste et plus marquée, cette rivalité entre deux puissances, dont les progrès ont amené la chute de l'ancien Empire. Qui ne voit, dans cette Confédération germanique si vantée, un assemblage incohérent et peu stable d'Etats, que la lassitude maintient en paix, mais entre lesquels tout est à créer, et à créer par les armes, car malheureusement les traités ne viennent en général qu'après?

- Cette situation de l'Allemagne fait apprécier la supposition, souvent reproduite, que là est le véritable boulevard de l'Europe contre la puissance russe. Cette supposition nous paraît chimérique, autant qu'il est possible de l'être. L'examen le plus superficiel fait comprendre qu'il sera plus facile que jamais, au système russe, de faire trouée, en quelque sorte, dans la ligne germanique, et de s'introduire jusqu'au cœur de l'Allemagne, pour y armer les ambitions particulières aux dépens de l'indépendance générale. En offrant des accroissemens à l'une ou à l'autre des deux puissances dominantes. La Russie sera toujours sûre d'empêcher leur réunion contre l'ennemi commun. Les Etats secondaires ne lui seront pas d'un médiocre secours pour en venir là. Il faut donc le dire hautement : loin d'offrir un rempart à l'Europe, le système germanique deviendra l'instrument dont la puissance russe se servira pour la dominer (1). C'est là que se portera toute l'action de cette puissance ; c'est là que l'Europe est vulnérable, et si elle doit périr, c'est par là qu'elle périra.

Au reste, jetons seulement un coup-d'œil

____

(1) Il nous semble que toutes les personnes qui ont l'habitude de lire avec quelque attention, les simples extraits des gazettes allemandes, reconnaîtront la justesse de ces observations.

sur le passé ; rappelons-nous comment Bonaparte avait trouvé tant d'auxiliaires entre
le Rhin, l'Elbe et le Danube ; comment il
avait fait de sa Confédération Rhénane le
levier avec lequel il bouleversait l'Europe.

Ceci nous amène à cette conclusion, que
l'établissement d'une première barrière du
Nord, est de toute nécessité pour le maintien
de l'indépendance européenne. Or, il ne
peut y en avoir, si la Pologne reste soumise
à la domination russe. Ne nous lassons pas
de le répéter ; en effet, point de sécurité
pour l'Europe, tant que l'Autocrate prendra,
à Warsovie, la couronne des Jagellons ; sa
puissance a là un poste avancé d'où, quand
il sera temps, son canon nous dictera la loi.
Un trône polonais, soustrait à l'influence
moscowite, et nécessairement appuyé sur l'influence du système méridional ; c'est donc là
que doivent tendre toutes les combinaisons ;
car c'est presque la condition *sinè quâ non*
de l'existence libre du Continent.

Maintenant n'y a-t-il pas possibilité d'arriver à la restauration de la monarchie polonaise, en tirant habilement parti des circonstances actuelles? Voilà ce que nous allons
démontrer en quelques mots.

CHAPITRE VII.

La Turquie.

Cette péninsule orientale, où la fortune a si long-temps soumis des Grecs à des Tartares, peut-elle être maintenue dans son existence actuelle, ou doit-elle subir une révolution? et dans ce cas, quelle doit être cette révolution ? Telle est la question qu'il est réservé à notre époque de voir bientôt résoudre par les armes, si elle n'est immédiatement décidée par la voie des négociations.

La politique et l'intérêt commercial s'étaient réunis anciennement pour lier la France et la Turquie. Cette puissance nous aidait depuis le seizième siècle, à tenir la maison d'Autriche en échec, dans ses possessions orientales. Depuis le commencement du dix-huitième, nous pouvions encore l'opposer utilement à cette domination que les Czars avançaient sur l'Europe, notre commerce avec l'Orient était de la sorte plus facile et plus avantageux. Notre alliance a contribué à soutenir quelque temps cet Empire, que les vœux de la civilisation européenne ont toujours repoussé au-delà du Bosphore.

Vers le commencement du siècle dernier, on comprit une idée politique dans le divan, et cela n'est pas indigne d'être remarqué , car la politique et le divan peuvent toujours être étonnés de se comprendre. On y sentit , disons-nous, qu'il y avait de grands rapports entre la situation respective de la Turquie et de la Pologne, et que par conséquent ces deux États devaient être unis d'intentions , sinon d'efforts, contre l'ennemi qui menaçait également leur indépendance. La paix ne fut donc plus troublée entr'eux depuis la pacification de Carlowitz, et la Turquie se trouva de la sorte formellement introduite dans le système politique de la France. Warsovie et Constantinople furent alors, dans le Nord et à l'Est, deux points d'appui que le Cabinet de Versailles dut simplement chercher à rendre plus solides. Cela était clair, et peu contesté.

La plupart des personnes qui étudient la situation politique de l'Europe, et qui cherchent à démêler les vues secrètes des Cabinets, sont d'accord pour déclarer que le sujet favori de la Cour de Saint-Pétersbourg, celui qui doit être accompli, avant qu'aucune tentative soit faite contre les puissances continentales de l'Occident, c'est l'occupation de la Turquie. Il faut, en effet, demeurer convaincu que tout a été dirigé vers ce but, depuis les triomphes de Catherine. Diverses circonstances ont empêché jusqu'ici la politique russe d'en venir à ses fins ; mais le moment paraît être arrivé où le peuple, qui s'est efforcé de conserver sa barbarie avec le zèle opiniâtre que les autres ont mis à conquérir la civilisation , doit subir le sort dont on l'a menacé tant de fois. Les récentes insurrections, et la férocité avec laquelle la Porte a tâché de les étouffer, appellent nécessairement l'intervention de l'Autocrate, déjà reconnu par les anciens traités, comme protecteur de la religion grecque dans les Etats du sultan (1). En paix avec toute l'Europe, il peut faire avancer des forces immenses. Il peut, après quelques jours de marche , faire chanter un *Te Deum* à Ste-Sophie, et poser sur son front la couronne de Constantin.

Sans doute, l'envahissement de la Turquie par la puissance russe, est un évènement que

---

(1) Paix de Koutschouk-Kaidnadgy et de Jassy.

l'Europe doit envisager avec un déplaisir manifeste , parce qu'il aggravera encore ses
périls. Sans doute, la politique continentale
ne doit évacuer ce poste important que pied
à pied, en quelque sorte ; mais peut-elle s'y
maintenir ? Voilà ce que nous ne croyons pas
possible. Il eût fallut, en effet, pour pouvoir
empêcher actuellement la Russie d'arriver à
Constantinople, l'arrêter précédemment dans
l'accroissement prodigieux de son territoire,
l'extension de son commerce, l'augmentation
de sa population, le perfectionnement de sa
discipline militaire. On n'a pas pu empêcher
tout cela; il faut donc en supporter les iné-
vitables conséquences.

Parcourons l'Europe , et voyons où la
Russie peut rencontrer de véritables obstacles. La Suède ne peut que se défendre, et
il n'y a plus de Pologne. Le système germanique est dans une situation telle que la
Russie doit y trouver plus d'alliés que d'en-
nemis. Les Pays-Bas sont manifestement dans
les voies de la politique russe (1). La France

(1) Nous savons tous ce qu'on peut opposer à cette asser-
tion ; mais il faut bien comprendre que c'est ici de la puissance
continentale et non maritime qu'il s'agit.

ne peut plus protéger, et n'a plus intérêt à protéger la Turquie, et l'Espagne est en proie aux factions. A la vérité, l'Angleterre, qui s'est rarement mêlée des affaires de la Russie sur le Continent, intervient ici, parce qu'il s'agit de la possession de l'un des plus beaux points commerciaux de l'univers, et l'on entrevoit que l'opposition de cette puissance, si elle pouvait s'adjoindre la France et l'Autriche, pourrait encore entraver le gouvernement russe. Mais dans la situation actuelle des affaires, tant de points divisent les deux dernières puissances que nous venons de nommer, qu'on ne les comprend guère dans la même alliance, et, dans tout état de cause, l'union de notre pays avec l'Angleterre est une mauvaise chose, parce qu'elle répugne au sentiment national, et en outre parce que le simple sens indique que dans une pareille affaire la France ne peut qu'être dupe.

Au surplus, dans notre opinion on ne ferait jamais que suspendre le coup qui doit frapper les Ottomans, et il arriverait d'une part que la Russie retarderait sa conquête, afin de la rendre plus sûre et plus facile, et de l'autre, que le Cabinet de Londres parviendrait à créer un parti anglais dans le divan, et à faire de la

Turquie ce que le Portugal était pour lui naguères. Une lutte sanglante serait alors inévitable, et les chances de la guerre amèneraient un compromis dont les suites ne sont pas calculables. Or, n'appartient-il pas à la politique de prévenir cette lutte en arrêtant immédiatement ce compromis, qui devra la terminer ? Ne lui appartient-il pas de se mettre à la tête des événemens, pour les faire tourner à l'avantage du système général européen.

Mais une considération d'un ordre plus élevé tranche la question et commande impérieusement à la politique de l'Europe de statuer sur-le-champ : c'est l'état même de la Turquie.

CHAPITRE VIII.

La Grèce.

L'ÉNERGIE qu'ont déployée récemment ces malheureux chrétiens de la Turquie européenne, auxquels se rattachent de si glorieux souvenirs, les calamités qu'ils ont éprouvées, et dont ils sont encore affligés, leur ont déjà valu de reprendre avec le nom de leurs ancêtres, un rang entre les nations. De si nobles efforts on tout-à-coup fixé toutes les attentions vers un pays dont la situation nous frappait toujours douloureusement , et le cri de liberté, parti d'Hydra, a retenti dans tous les cœurs d'une extrémité de l'Europe à l'autre.

Il est difficile de ne point se livrer à des déclamations en parlant de la cause des Grecs. Il le faut avouer , tant de misère où régnait tant de splendeur; un sol fécond , qui semble se sécher sous la main de fer de ses despotes ; le règne du glaive dans la terre natale de la liberté ; le culte du coran à la place des fictions d'Homère ; toutes les brutalités de la barbarie chez le peuple dont l'héritage civilise l'univers; des Jannissaires, des Arnautes, des Tartares campés dans les défilés de la Phocide et dans les champs de Marathon ; un ignoble Disdar-Aga (1), commandant à l'Acropolis de Périclès ; un pacha stupide, dormant sur les ruines de Mantinée, sans savoir qu'il y eut un Épaminondas; tout cela offre un tableau qui affecte péniblement notre ame, et en le méditant, nous sommes

______

(1) Porte-fouet.

toujours tentés d'emprunter les accens du poëte (1) pour célébrer *tant de gloire et tant de grandeurs déchues.*

.. Mais laissons les poëtes, qui ne raisonnent pas toujours juste, et jugeons froidement l'état des choses. Il ne faut plus se le dissimuler ; c'est une guerre d'extermination qui vient d'éclater entre les Grecs et les Ottomans. Le zèle religieux s'est réuni de l'un et de l'autre côté à l'intérêt politique. Les bras sont armés sur les rives du Pruth, dans les montagnes de l'Albanie, aux rochers de l'Archipel, sous les murs de Trippolizza. Ils ne se reposeront que quand l'un des partis sera à peu près détruit. Or, il n'est pas difficile de prévoir quel est celui que menace un sort pareil, si les Gres sont livrés à leurs propres forces, si les proclamations et les actes du haut-commissaire anglais aux îles Ioniennes expriment la pensée de tous les Gouvernemens (2). Il est clair qu'alors les

---

(1) Milton.

(2) Il était réservé à notre siècle d'offrir des évènemens dont le passé n'offre pas d'exemples, et qui confondront la postérité. Telle est cette faveur politiquement accordée par les Anglais au *mahométisme* contre le *christianisme* ; car c'est maintenant là la question en Turquie. Cela est unique dans les Annales modernes.

chrétiens périront, et que le nom de Grec disparaîtra de la face du monde. Mais ces seuls mots marquent assez quel devoir est impérieusement prescrit aux nations chré-tiennes de l'Europe, car, osons le dire hautement, honte éternelle à nous et à notre siècle, si nous voyions, les bras croisés, s'accomplir une semblable iniquité !

Il faut donc secourir les Grecs.

Nous ne perdrons point de temps à relever ici tout ce qu'on a dit au sujet de cette intervention proposée à l'Europe dans les affaires de la Grèce. Il y aurait trop à faire. Quelles absurdités, en effet, n'a-t-on pas dogmatiquement avancées à ce sujet. Les uns ont prétendu, dans leur ignorance, rattacher à notre révolution les troubles dont le Péloponnèse est le théâtre, de telle sorte que c'étaient encore le contrat social ou les contes de Voltaire qui avaient armé ces archimandrites exaltés, mourant la croix et l'épée à la main ; les autres ont discuté sérieusement la *légitimité du Grand-Turc* ; et, outrant jusqu'au ridicule les conséquences d'un principe respectable, ils n'ont pas paru se douter qu'il y avait une autre légitimité non moins sacrée, celle d'un peuple qu'on égorge ; ceux-ci ont

(32)

fait valoir des considérations politiques, qui
commençaient à n'avoir que peu de poids
sous Louis XV; ceux-là, des avantages commerciaux que nous ne conserverions, si tant
est que nous les ayons encore, qu'au profit
de nos jaloux voisins ; enfin, il y a eu des
ames assez peu généreuses pour bafouer ces
malheureux chefs, dont le courage essayait,
à la tête de quelques montagnards, d'arra-
cher la patrie au joug le plus odieux !

Mais laissons ce point, car il est pénible
d'avoir ici des adversaires. Répétons seulement que l'Europe est placée, par la force
des choses, dans la nécessité de dire : *Il n'y
a plus de Grecs, ou il n'y a plus de Turquie.*
C'est là toute la question, réduite à ses moin-
dres termes.

Il est un autre point qui reste à considérer.
En déclarant qu'il n'y a plus de Turquie,
l'Europe peut-elle dire : *la Grèce est libre.*
Ici nous ne sommes point d'accord avec une
foule de personnes dont nous croyons qu'un
enthousiasme irréfléchi égare le jugement.
Non, cette réunion de tant de peuples divisés
d'origine, de langage et de mœurs, plongés,
en grande partie, dans l'avilissement, l'ignorance et la superstition ; façonnés dès long-

temps à tous les caprices d'une tyrannie abjecte, cette association ne nous paraît point encore faite pour l'indépendance. Ne nous laissons pas séduire par de trompeuses illusions; ne rêvons pas la Grèce antique, quand la Grèce moderne est seule devant nos yeux; songeons que la liberté est un don funeste pour un peuple dont l'état social n'est pas préparé à la recevoir, et demeurons bien convaincus que la fondation d'une école à Athènes, l'impression du Télémaque à Janninah, et le séjour de quelques jeunes gens à Leipsick, n'ont pas suffi pour créer, en Grèce, cet état social.

Nous sommes arrivés à cette double conclusion, que la Grèce (1) doit être délivrée du joug des Turcs, mais qu'elle ne peut être indépendante, c'est-à-dire, en d'autres termes, que la Turquie doit être envahie par les puissances européennes, et partagée entre elles *et les Grecs.*

Sans doute ce mot de *partage* est dur. Nous ne nous dissimulons point qu'il est une foule de guerriers dans le Péloponnèse, et d'écrivains dans les autres parties de l'Europe qui s'en indigneront. Nous voudrions nous-

---

(1) Il faut remarquer que ce mot *Grèce* signifie ici, comme dans plusieurs autres passages, *Empire Turc* ou *Grec.*

mêmes pouvoir arriver à une conclusion plus
généreuse; mais ce n'est pas sur les illusions
de l'enthousiasme qu'il faut baser les vues
de la politique. Qu'on comprenne bien qu'il
y a là pour le moment une nécessité maté-
rielle. Revenons.

CHAPITRE IX.

Le Partage.

Tout ce qui précède a établi, d'une part,
que la sûreté de l'Europe demande le rétablissement du royaume de Pologne, et de
l'autre, que la force des choses commande
impérieusement la destruction de l'Empire
turc européen. Toutes les combinaisons politiques doivent, selon nous, tendre uniquement
ment à faire sortir le premier des ruines du
second. Et là se trouvent les moyens de rétablir, *autant que faire se peut du moins*, l'équilibre continental.

La France est *naturellement* et *nécessairement*, comme nous l'avons fait voir aussi, à la
tête du système défensif qui doit maintenir
cet équilibre. Elle n'a plus l'ambition d'agran-
dir son territoire ; la paix générale est la
seule conquête qu'elle veuille faire. Forte par

le seul souvenir de ce qu'elle a été, et parfai-
tement désintéressée, elle intervient dans un
état de choses qui divise l'Europe, et sa haute
médiation réunit toutes les puissances en
une sorte de fédération chrétienne, dont les
membres divers marchent vers le même but.

Voici, dans notre opinion, quel devrait
être le système politique de notre Cabinet
pour arriver à ce grand résultat : des bases
seraient arrêtées dans un nouveau congrès,
entre toutes les puissances de l'Europe. Nous
osons indiquer celles qui nous paraissent
justes et raisonnables pour faire connaître
notre pensée toute entière ; au reste, ce n'est
que l'esquisse rapide d'un plan qui deman-
derait à être longuement développé.

Le territoire européen, actuellement soumis aux Turcs, serait donc partagé ainsi qu'il
suit : 1° la partie orientale comprise entre les
frontières russes et autrichiennes, au Nord,
jusqu'aux montagnes septentrionales de la
Thessalie, serait cédée à l'empereur de Russie, à la charge d'en faire un État distinct de
l'Empire russe, et désigné par la dénomina-
tion d'EMPIRE GREC. Ce monarque ferait re-
mise à l'Europe, pour prix de cette brillante
concession, du royaume de Pologne, tel que
le Congrès de Vienne le lui a livré.

2º L'empereur d'Autriche recevrait la partie nord-ouest formant une espèce de triangle, dont la pointe méridionale serait sur la côte albanaise, et qui confinerait avec l'*Empire grec* en Servie et en Albanie, les limites étant posées d'après des convenances locales dont nous ne pouvons nous occuper ici. Cet accroissement considérable de territoire serait un équivalent de la cession de la Gallicie, qui serait rendue au royaume de Pologne.

3º A l'égard du Pachalick de Janninah, de l'Albanie méridionale, de la Livadie et de la Morée, il serait établi en principe, qu'aucune des puissances co-partageantes n'en recevrait la souveraineté ; mais qu'il en serait formé après la conquête, suivant que les circonstances l'exigeraient, soit un État fédératif, soit une ou plusieurs principautés *grecques* existant sous la garantie des trois royaumes.

4º Candie, antique possession de Venise, serait annexée aux anciennes possessions de cette république dans la mer Ionienne, c'est-à-dire, qu'elle serait placée sous le protectorat de l'Angleterre, comme partie de l'État des Sept-Iles.

5º Enfin, pour faire une part entière à la liberté et au courage, l'Europe reconnaîtrait

l'existence d'une République des Iles grecques, laquelle serait composée de toutes les
îles qui auraient secoué le joug des Turcs
avant les traités qui seraient, à la fin, conclus
avec cette nation, *comme puissance asiatique.*

On pressent tout ce qui suit de ces bases
principales : la dynastie qui devrait naturellement remonter sur le trône de Pologne serait
la maison de Saxe qui l'a possédé quelque
temps jadis. Mais cette maison, en recevant
l'une des plus belles couronnes secondaires de
l'Europe, céderait l'humiliante fraction d'Etat
germanique que le Congrès de Vienne lui a
laissée. Cette portion serait réunie à celle que
la Prusse a acquise, et le tout redeviendrait
un véritable *Royaume de Saxe*, dont le roi
de Prusse serait le souverain; ainsi serait effa-
cée une grande injustice commise envers un
roi et une nation. Ainsi serait corrigé un tort
qu'on a vivement reproché à notre diploma-
tié, celui d'avoir irrité la Prusse, notre alliée
naturelle, en tenant opiniâtrément à ce qu'il
eût un royaume de Saxe, dont la faible existence ne pouvait être d'aucun poids dans le
système germanique. La cession que ferait la
Prusse d'un territoire polonais équivalent à la
Saxe actuelle complète ce plan. La monarchie
de Pologne se trouverait ainsi portée à une

population de dix millions d'hommes, dont la valeur et le patriotisme, soutenus par tant d'intérêts, seraient invincibles, après quelques années d'une pareille existence, et tiendraient lieu des frontières naturelles que le pays ne possède pas.

Ainsi serait régénérée la Pologne; ainsi serait rétablie *la barrière du Nord*.

Ce n'est qu'après avoir posé ces bases, que les forces combinées de la Russie, de l'Autriche et de l'Angleterre pourraient marcher à la conquête de la Turquie.

Ce projet offre sans doute des inconvéniens; sans les énumérer, nous les pressentons, mais il nous semble qu'en le méditant profondémeut, on reconnaît qu'il est celui qui en offre le moins.

Il réunit toutes les puissances de l'Europe : la France, la Suède, les Pays-Bas et les Etats secondaires de l'Allemagne, parce qu'il rétablit l'équilibre européen ; la Prusse, l'Autriche, l'Angleterre et la Russie, parce qu'il établit un partage fondé en raison, et qui évite des guerres dont on ne peut calculer les résultats. C'est cette dernière considération surtout qui nous fait penser qu'il est possible de triompher de l'opposition que les deux puissances nommées les dernières peuvent

mettre à l'application d'un pareil système.
Au reste, c'est à la France, qui, nous le répétons, est absolument désintéressée et qui n'a
à demander tout au plus que la restitution
de quelques forteresses cédées en 1815, et
qui livrent sa frontière, c'est à la France, disons-nous, qu'il appartient d'entreprendre
et de conclure cette grande transaction ; et
qu'on ne nous oppose pas telles ou telles
circonstances comme propres à affaiblir, à
annuler momentanément son influence. Ces
circonstances disparaissent devant une politique vaste et profonde, et la faiblesse peut
seule en être intimidée. *La France peut, si
elle veut.* C'est là une vérité de sentiment
qu'on ne saurait se lasser de répéter.

CHAPITRE X.

Conclusion.

Nous avons achevé cette rapide exquisse.
Nous croyons avoir dit quelques vérités utiles
sur les grandes affaires qui agitent notre Continent, avoir énoncé quelque vues propres
à refaire l'édifice politique de la vieille Europe, des tempêtes qu'il a essuyées.

'Mais n'est-il pas menacé de nouvelles com-
motions ? Cela est pénible à avouer ; toutefois la vérité l'exige. Oui, une imposante
domination territoriale et une immense puissance maritime doivent tôt ou tard se trouver
en présence, et se heuter. Le système que
nous avons proposé n'a même pour but, en
définitive, que de mettre le reste de l'Europe
en état de ressentir moins cet épouvantable
choc; et il y a là peut-être telle vue secrète
sur laquelle nous ne croyons pas devoir jeter
plus de clarté, qui est propre à préparer cet
inévitable évènement, de manière à ce que
l'Europe assiste avec moins de péril à ce
grand spectacle, et à ce que la commotion
n'ébranle que les trônes assis au pied du Cau-
case ou de l'Himmalay.

Telle est donc la sagesse humaine. Les
courtes vues de notre politique ne peuvent
que pallier, que reculer le mal qui résulte
de notre état social même. Il s'attache à nos
combinaisons les plus pures et les plus éle-
vées. Notre imperfection ne peut jamais arriver qu'à un ordre qui est encore le désor-
dre, et dont se joue celui qui a créé l'ordre
éternel.

DE L'IMPRIMERIE DE J.-I. CHANSON.